D1695510

OBERTSHAUSEN

Herausgeber: Buchhandlung BücherTreff Obertshausen
Fotos und Texte: Hildegard und Rudolf Bühl

Wartberg Verlag

Fotonachweis:
Alle Fotos Rudolf Bühl, ausgenommen
Bilder Seite 69 und 71 Foto H. H. Heng, Bild Seite 58 Foto J. Brandner,
und Luftbild Seite 46. Die alten Postkarten sind Leihgaben.

1. Auflage 2000
Alle Rechte vorbehalten, auch die des auszugsweisen Nachdrucks
und der fotomechanischen Wiedergabe.
Druck: Bernecker Druckerei KG, Melsungen
Buchbinderische Verarbeitung: Buchbinderei Büge, Celle
© Wartberg Verlag GmbH & Co. KG
34281 Gudensberg-Gleichen • Im Wiesental 1 • Tel. 0 56 03/9 30 50
www.wartberg-verlag.de
ISBN 3-86134-722-9

OBERTSHAUSEN,

eine liebenswerte Kleinstadt im hektisch bewegten Rhein-Main-Gebiet, hat sich bis zum heutigen Tag seinen beschaulichen Charme erhalten.

In den Jahren nach dem Zweiten Weltkrieg nahmen die beiden selbständigen Gemeinden Hausen und Obertshausen überproportional an Einwohnern zu, einmal durch den Zuzug vieler Vertriebener, zum anderen durch seine günstige Lage zwischen den umliegenden Großstädten Frankfurt am Main, Offenbach am Main, Hanau und Darmstadt. So wurden in rund 50 Jahren aus kleinen, dörflichen Gemeinden zwei zukunftsträchtige Kommunen, die durch die Zusammenlegung bei der Hessischen Gebietsreform 1977 ihre Selbständigkeit aufgeben mussten und heute eine Kleinstadt mit etwa 25 000 Einwohnern bilden. 1979 erhielt die neue Gemeinde Obertshausen mit zwei Stadtteilen durch die Hessische Landesregierung die Stadtrechte verliehen.

Obertshausen ist eine von 13 Städten und Gemeinden des Kreises Offenbach und liegt in dessen nordöstlichem Bereich. Beide Ursprungsgemeinden blicken auf eine lange Entstehungsgeschichte zurück.

In der Zeit der großen karolingischen Rodungsperiode (686-814) entstanden die ersten Ansiedlungen. Aus dem Zinsregister der nahe gelegenen Abtei Seligenstadt gehen erstmals die Namen „Huson" und „Oberdueshuson" hervor. In weiteren Geschichtsurkunden ist zu lesen, dass es Heinrich IV. war, der 1069 dem Kloster Jakob in Mainz „Neubruchland im Forst Dreieich bei dem Dorfe Hausen" schenkte. In der Folgezeit waren den beiden Dörfern wechselvolle Zeiten beschieden. So wurden nacheinander die

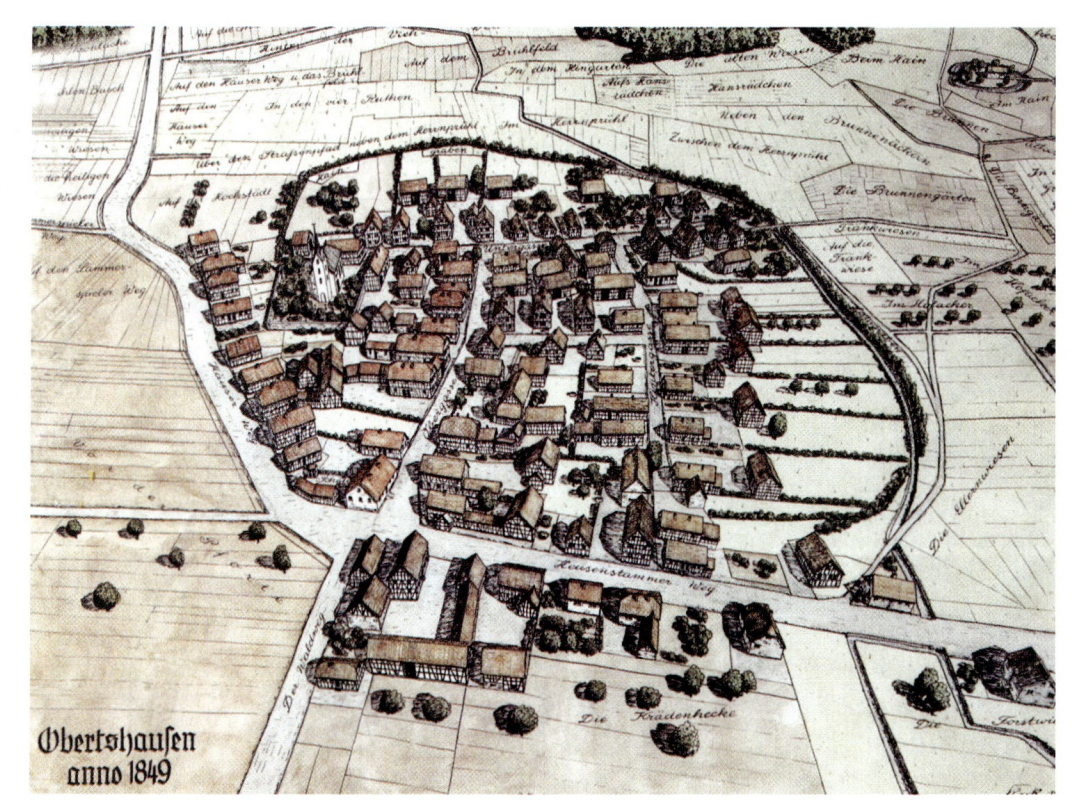

Obertshausen anno 1849

OBERTSHAUSEN

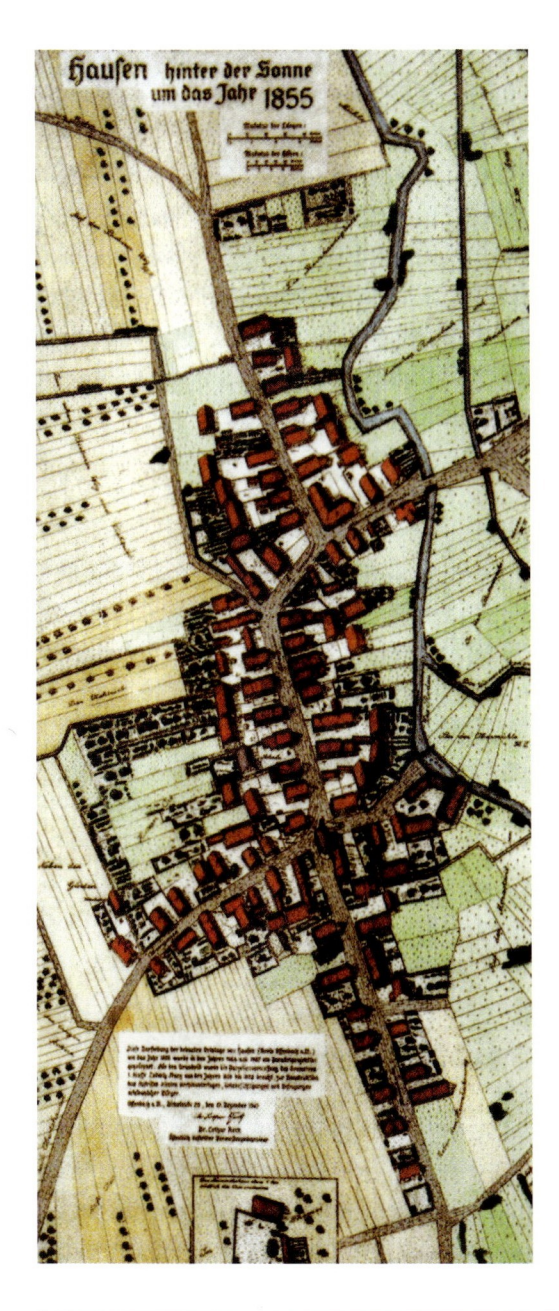

Herren von Eppstein, Ullrich von Hanau und 1425 der Erzbischof Conrad III. von Mainz Eigentümer des gesamten Landstriches.

Im 30jährigen Krieg zogen Landsknechte plündernd und brandschatzend durch die Gegend, 1636 kam zu allem Unglück auch noch der Ausbruch der Pest dazu, sodass nach den Aufzeichnungen dieser Jahre Obertshausen noch 20, Hausen noch sieben Einwohner zählte.

Infolge der Türkenkriege (1648–1687) und einer Hungersnot benötigte das Mainzer Erzstift als Eigentümer der beiden Orte dringend Geld, so verkaufte man die wenig ertragreichen Ländereien samt Dörfern und Einwohnern an den Grafen Philipp von Schönborn.

1803 kamen dann Hausen und Obertshausen unter die Souveränität der Fürsten von Isenburg-Birstein und 1816 an das Großherzogtum Hessen.

Bis zum Beginn des 20. Jahrhunderts fügten sich die beiden Gemeinden in das Bild der nahen und weiteren Umgebung ein; sie waren rein landwirtschaftlich orientiert. Doch viele Einwohner vermochten von den spärlichen Erträgen des kargen, meist sandigen Bodens ihr tägliches Brot nicht mehr zu erwirtschaften. So wanderten immer mehr in die städtischen Fabriken ab und nahmen weite Fußmärsche von zehn Kilometern in die Städte Offenbach und Hanau in Kauf.

Ende des 19. Jahrhunderts erschließt die Fertigstellung einer Eisenbahn-Nebenstrecke Offenbach–Dieburg-Reinheim über Obertshausen vielen Bewohnern die Möglichkeit, einer Erwerbstätigkeit in der Industrie nachzugehen und die Landwirtschaft als Nebenerwerb zu betreiben.

Besonders in Offenbach am Main werden zahlreiche Lederwarenbetriebe gegründet und bald entsteht der Begriff des „Heimarbeiters". Diese Form der Teilproduktion von Lederwaren im häuslichen Bereich ermöglicht die Mithilfe der ganzen Familie am Broterwerb. Nach und nach entwickeln sich daraus zahlreiche selb-

OBERTSHAUSEN

ständige Betriebe in Obertshausen und Hausen, um 1965 bestehen in beiden Orten nahezu 130 kleine, mittlere und größere Unternehmen der Lederwarenbranche.

Auch einige Betriebe der Metall- und Papierverarbeitung sowie die Fa. Karl Mayer, eine Wirkmaschinenfabrik, expandieren in wenigen Jahren.

So galten Hausen und Obertshausen in den 60er Jahren als zwei der reichsten Gemeinden Deutschlands bezogen auf das Pro-Kopf-Steueraufkommen.

Dies hatte zur Folge, dass in diesen Jahren die Infrastruktur rasant aufgebaut werden konnte: Bürgerhaus, neue Rathäuser, gemeinsames Hallen- und Freibad, Kindergärten, Schulen, Sporthallen, 29 Kinderspielplätze, Senioren-Wohnheime und Sportplätze wurden in wenigen Jahren errichtet.

Heute ist Obertshausen eine ganz normale Kleinstadt mit einem landesüblichen Steueraufkommen. Doch die ertragreichen Jahre haben einen Grundstock der Versorgung gelegt, der sich auch heute noch sehen lassen kann.

1971 geht Hausen mit der Stadt St. Geneviève des Bois in Frankreich eine Verschwisterung ein, 1972 verbindet sich Obertshausen mit Laakirchen in Österreich. Nach der Wiedervereinigung Deutschlands 1990 kommen zu diesen beiden offiziellen Kontakten noch freundschaftliche Beziehungen mit der Stadt Meiningen in Thüringen hinzu. Bis heute leben diese Verbindungen in der Bevölkerung durch viele persönliche Freundschaften, Vereinsbegegnungen und Schüleraustausche.

Der Europarat in Straßburg belohnte 1998 die Stadt Obertshausen für ihre Bemühungen um ein geeintes Europa mit dem Europa-Diplom.

In Obertshausen tummeln sich inzwischen 124 eingetragene Vereine, die mit ihren Aktivitäten jedem Einwohner die Chance eröffnen, sich entsprechend seinen Neigungen in der Freizeit zu betätigen. Unter diesen Vereinen sind auch einige Zusammenschlüsse ausländischer Mitbürger, die es sich zur Aufgabe gemacht haben, ihre Traditionen aus den Heimatländern zu pflegen und sie den einheimischen Bürgern nahe zu bringen.

Wenn auch Obertshausen durch die zahlreichen Verkehrswege wie Autobahn, Bundesstraße und Eisenbahn begrenzt und durchtrennt wird, so ist es dennoch in den Augen seiner Bewohner und aller Besucher eine Stadt im Grünen, in der es sich gut miteinander leben lässt.

Obertshausen is a lovable town in the busy Frankfurt area.
It has its own tranquil charm which it has preserved to this day.

In the years following the Second World War the population of the two communities of Hausen and Obertshausen increased in size by more than the national average. This was due to the influx of many exiles as well as the town's good location surrounded by the cities of Frankfurt, Offenbach, Hanau and Darmstadt.

For a period of about 50 years the two small villages became communities with a promising future and in 1977 due to a local government reform in Hessen they lost their independence and were joined to form the town of Obertshausen which today has approx. 25,000 inhabitants.

Obertshausen is one of 13 towns and communities in the district of Offenbach and is located to the northeast.

Its two original communities look back on an eventful birth:
The first settlements appeared during the age of the Carolingian period of land clearance (686-814). The tax register of the nearby abbey of Seligenstadt first mentions the names "Huson" and "Oberdueshuson".

In the following period both villages had to live through a lot of changes. The lords von Eppstein, Ullrich von Hanau and in 1425 the Archbishop of Mainz, Conrad III., were in succession the owners of the whole area.

Until the beginning of the 20th century the two communities fitted into their surroundings by depending exclusively on agriculture. However the earth in this area is sandy and could not fully support the population.

More and more people started to work in factories in the city and some people would walk up to ten kilometers in order to get to Offenbach or Hanau.

At the end of the 19th century the completion of a train line from Offenbach to Reinheim offered many inhabitants the possibility to earn a living in industrial firms and agriculture became a second occupation. In Offenbach many factories producing leather goods were founded and it became a centre of the leather industry. Soon the term "homeworker" was born. By making parts of the leather goods at home every member of the family could contribute to the household income. As a result many independant small businesses began to spring up and around 1965 Obertshausen and Hausen had almost 130 companies of varying sizes working in the leather industry.

Metal and paper processing businesses, as well as the firm Karl Mayer, a knitting machine factory, also expanded over a short period of time.
In 1971 Hausen was twinned with the city of St. Geneviève des Bois in France and in 1972 Obertshausen was linked with Laakirchen in Austria.

After the reunification of Germany in 1990, informal relations with Meiningen in Thüringen were added to these official contacts. Until now these connections have been kept alive through many personal friendships, meetings between local clubs and school exchanges.

In 1998 the Council of Europe in Straßburg awarded Obertshausen with the European Diploma for its efforts for a united Europe.
Today many major roads and the railway cut through or border on Obertshausen but inhabitants and visitors alike consider it to be a town in a rural setting with a high standard of living.

Obertshausen, petite ville agréable au cœur de la région agitée et fébrile du Rhin-Main, a su garder son charme particulier jusqu'à nos jours.

Pendant les années qui suivirent la Seconde Guerre Mondiale la population des deux communes indépendantes Hausen et Obertshausen augmenta considérablement; ceci était dû d'une part à l'arrivée de nombreux réfugiés et d'autre part au site favorable entre les grandes villes de Francfort sur le Main, Offenbach sur le Main, Hanau et Darmstadt. En cinquante ans les deux petites communes villageoises se transformèrent en deux municipalités disposant d'excellentes perspectives d'avenir. Elles durent renoncer à leur indépendance lors de la réforme territoriale de la Hesse en 1977 et furent réunies en une petite ville qui compte aujourd'hui environ 25 000 habitants. En 1979 le gouvernement du Land de la Hesse accorda le statut de ville à la nouvelle commune d'Obertshausen, constituée de deux secteurs. Obertshausen était désormais l'une des 13 villes du district d'Offenbach, située dans la partie nord-est de celui-ci. Les deux communes d'origine ont un passé historique bien ancien.

C'est à l'époque de la grande période du défrichement des terres par les Carolingiens (686-814) que nacquirent les premières colonisations. Les noms de «Huson» et «Oberdueshuson» apparaissent pour la première fois dans les registres des redevances de l'abbaye voisine de Seligenstadt. Par la suite les deux villages connurent des temps mouvementés. Les seigneurs von Eppstein, Ullrich von Hanau et en 1425 l'archevêque de Mayence, Conrad III., s'emparèrent les uns après les autres de l'ensemble du territoire.

Jusqu'au début du vingtième siècle les deux communes furent bien intégrées dans la structure de l'environnement immédiat et alentour; leur activité principale était l'agriculture. Cependant de nombreux habitants ne pouvaient plus vivre seulement du maigre rapport de la terre peu fertile, de nature sableuse. Ils partirent de plus en plus travailler dans les usines citadines et n'hésitèrent pas à effectuer des marches d'une dizaine de kilomètres pour atteindre les villes d'Offenbach ou de Hanau. A la fin du dix-neuvième siècle une ligne de chemin de fer Offenbach–Dieburg–Reinheim fût construite, passant par Obertshausen et offrit la possibilité à ses habitants de travailler dans l'industrie tout en continuant à pratiquer l'agriculture comme ressource secondaire.

De nombreuses entreprises de maroquinerie furent fondées, surtout à Offenbach et bientôt apparut le terme du «travailleur à domicile». Cette forme de production partielle de la maroquinerie dans le domaine privé permettait à des familles entières de contribuer à l'amélioration de leur gagne-pain. Peu à peu cette branche se développa et de nombreuses entreprises autonomes s'implantèrent à Obertshausen et à Hausen; en 1965 on comptait environ 130 petites, moyennes ou grandes entreprises dans le domaine du cuir. D'autres entreprises s'installèrent dans le secteur du traitement du papier, l'usinage du métal ainsi qu'une usine de machines de tissage, la société Karl Mayer, qui connurent la prospérité en peu de temps.

En 1971 Hausen réalisa un jumelage avec la ville de St. Geneviève des Bois, suivi en 1972 du jumelage d'Obertshausen avec Laakirchen, en Autriche.

En 1990, après la réunification de l'Allemagne, des liens amicaux avec la ville de Meinigen en Thuringe s'ajoutèrent à ces contacts officiels. Jusqu'à aujourd'hui ces relations sont restées vivantes grâce aux amitiés personnelles qui ont grandi parmi la population, aux rencontres entre les associations et aux échanges scolaires. Le Conseil de l'Europe à Strasbourg récompensa la ville d'Obertshausen en 1998 pour ses efforts en vue d'une Europe unie par la remise du diplôme européen.

Bien que la ville d'Obertshausen soit divisée et délimitée par le passage de multiples voies de communications comme l'autoroute, la route nationale ou la voie ferrée, elle est restée aux yeux de ses habitants et de ses visiteurs une ville entourée de verdure, où les contacts se nouent aisément.

Am Ortseingang präsentiert sich Obertshausen mit seinen Partnerstädten.

At the town's entrance, Obertshausen introduces itself along with its twin towns.

A l'entrée de la ville Obertshausen se présente avec ses partenaires de jumelage.

Postkarte aus Hausen um 1900.

Picture postcard from Hausen around 1900.

Carte postale de Hausen vers 1900.

So war die Gesamtansicht des Ortes Obertshausen um 1900.

This was the overall view of Obertshausen around 1900.

Vue d'ensemble d'Obertshausen vers 1900.

9

Bilder dieser Seite: Über den Dächern der Stadtteile Hausen und Obertshausen kann man erkennen, wie viel Grün in Gärten und Anlagen zu finden ist.

From above the rooftops a lot of green can be seen in the gardens and parks of Hausen and Obertshausen.

Sur cette vue prise au-dessus des toits de Hausen et Obertshausen on voit clairement les surfaces vertes de leurs parcs et jardins.

Bilder dieser Seite: Die Kirchtürme überragen die alten Ortskerne noch immer und sind weithin sichtbare Orientierungspunkte.

The church spires are still a landmark in the old town quarters.

Les clochers surplombent les centres des vieilles villes et servent tout alentour de point de repère.

Mit einem lachenden und einem weinenden Auge schaut Obertshausen auf die nahe Autobahn, die einerseits schnelle Anbindung an die Ferne ermöglicht, andererseits der Stadt viel Lärm beschert.

The motorway is seen as a mixed blessing. It combines good connections with high noise levels.

Obertshausen considère l'autoroute avoisinante avec «un œil qui rit et l'autre qui pleure»; celle-ci relie la ville avec le réseau national, mais en même temps elle représente pour les habitants une source de bruit incessant.

Auch eine Bundesstraße führt mitten durch die Stadt und teilt sie buchstäblich in zwei Teile, sodass die Straße oft scherzend als „die Grenze" bezeichnet wird.

Another big road is jokingly called "the border" because it splits the town in half.

Une route nationale passe également au milieu de la ville et la divise en deux parties. On lui donne ironiquement le nom de «frontière».

Die geplante S-Bahn soll die Orte des Kreises Offenbach mit den nahen Städten verbinden. Aufgrund des erhöhten Zugaufkommens muss die über 100 Jahre alte Bahnüberfahrt einer gigantischen Unterführung weichen.

The 100 year old level crossing will soon make way for a giant underpass that is being built for new faster trains, which will offer better connections to the bigger cities in the area.

Un réseau de chemin de fer régional nommé S-Bahn (type R.E.R.) est en construction et va relier les petites villes du district d'Offenbach avec les grands centres urbains voisins. Pour la mise en service de cet important traffic ferroviaire, il a fallu creuser un tunnel gigantesque sous l'ancien passage à niveau datant déjà de plus de cent ans.

An der Einfallstraße vom nahe gelegenen Heusenstamm steht das Rathaus der einst selbständigen Gemeinde Obertshausen, heute Sitz von Volksbildungswerk, Musikschule, Seniorenhilfe, Teilen der Verwaltung und Übungsraum für Vereine.

The former town hall of Obertshausen is located on the road coming from nearby Heusenstamm. It houses several clubs and organizations as well as part of the council administration.

À la limite de la route de Heusenstamm, la ville voisine, se trouve la mairie de l'ancienne commune indépendante d'Obertshausen: Aujourd'hui elle est le siège de l'école populaire (Volksbildungswerk), du conservatoire de musique, du bureau d'aide aux personnes âgées, de certains secteurs de l'administration et lieu d'instruction de diverses associations.

Das Rathaus der Stadt liegt im Stadtteil Hausen und ist ein moderner Zweckbau, in dem die Verwaltung und der Bürgermeister ihren Sitz haben.

The town hall in Hausen is a modern functional building and is the seat of the mayor and council administration.

La mairie de l'actuelle ville d'Obertshausen est située à Hausen: C'est un bâtiment moderne, de conception utilitaire, où siègent le maire et l'administration.

Der modern gestaltete Sitzungssaal wurde über den Eingang gebaut.

The modern conference hall was built above the town hall entrance.

La salle d'audience, en style moderne, fût bâtie au-dessus de l'entrée de la mairie.

Hier werden die Entscheidungen für die Stadt und ihre Bürger gefällt angesichts der alten und des neuen Wappens sowie der Inschrift: „Die beste Politik ist die Gerechtigkeit!"

Decisions are made concerning the town and its people, facing the old and new coat of arms and an inscription that reads: "Justice is the best policy."

C'est ici que sont prises les décisions concernant la ville et ses citoyens sous la présence de l'ancien et du nouvel emblême de la ville et en vue de l'inscription: «La meilleure politique est la justice!»

Das Anfang der 60er Jahre fertig gestellte Bürgerhaus hat sich inzwischen in vielerlei Hinsicht zum Mittelpunkt des geselligen Lebens entwickelt. Hier finden regelmäßig Theateraufführungen, Tanzveranstaltungen und Vereinsfeste im repräsentativen „Großen Saal" statt.

The community centre was completed at the beginning of the 60's. It is now in many ways the centre of cultural life. Plays, dance nights and events by local clubs take place in a prestigious room called the "Large Hall".

La «Bürgerhaus», bâtiment attenant à la mairie, avec la salle des fêtes, fût terminée dans les années 60 et s'est transformée en un centre de la vie sociale: Pièces de théâtre, soirées dansantes, fêtes des diverses associations ont lieu dans la «Grande Salle» de représentation.

Erzieherinnen einer Kindertagesstätte bei der Aufführung der „Kleinen Hexe", einem Kindertheater.

Nursery school teachers at a children's play called "Little witch".

Jardinières d'enfants pendant la représentation de théâtre d'enfants «La petite sorcière».

Neben einigen kleineren Veranstaltungsräumen gibt es ein stets gut besuchtes Restaurant im Bürgerhaus, dessen gemütlicher Innenhof an lauen Sommerabenden einlädt.

Apart from several smaller rooms used for events, the community centre houses a popular restaurant. Its inner courtyard is very inviting, especially on warm summer evenings.

A côté de salles de représentation plus petites, la «Bürgerhaus» a également un restaurant fréquenté, avec une cour intérieure agréablement aménagée, qui attire les clients les beaux soirs d'été.

Haus Jona, ein Alten- und Pflegeheim der Inneren Mission, wurde auf Betreiben der Stadt als Heimstätte der ältesten Obertshausener Bürger errichtet.

House Jona, an old people's and nursing home, is run by a church organization and was set up by the town authorities for its senior citizens.

La maison de retraite «Haus Jona» fût fondée à l'instigation de la municipalité pour donner un foyer aux habitants les plus âgés d'Obertshausen.

Ein buntes Keramikrelief von Lis und Heinz Eberling aus Bad Ems versinnbildlicht Gottes Hand, in der die gesamte Natur mit Werden und Vergehen ruht.

The colourful mosaik by Lis and Heinz Eberling symbolizes the hand of God which holds nature in its entirety and combines creation and transcience.

Un relief de céramique en couleur réalisé par Lis et Heinz Eberling de Bad Ems symbolise la main de Dieu, dans laquelle repose le nature toute entière, en plein épanouissement et cependant éphémère.

Einst stand hier eine kleine Filialkirche, Anfang des vergangenen Jahrhunderts wurde die Herz-Jesu-Basilika an gleicher Stelle im neo-barocken Stil erbaut. Sowohl die Altäre als auch die Kanzel konnten aus Geldnot nur als Provisorium erstellt werden.

The church Herz-Jesu (heart of Jesus) was built at the beginning of the 20th century and replaced a smaller church on the same site. The altars and pulpit were not finished due to financial problems.

A cet endroit se trouvait autrefois une église annexe. Elle fût remplacée par la basilique du Sacré-Cœur (Herz Jesu), construite dans un style néo-baroque. Par manque d'argent les autels ont été construits d'une manière provisoire.

Foto oben: Inzwischen wurde die Kirche wegen ihres für die damalige Zeit typischen Baustils unter Denkmalschutz gestellt. Nach einer grundlegenden Renovierung in den 90er Jahren konnten die Altäre ähnlich dem ursprünglichen Plan gestaltet werden. Die Altarbilder schuf die Künstlerin Damaris Wurmdobler.

Foto links: Mit 2110 Pfeifen und 32 klingenden Registern erfüllt die 1970 eingebaute Orgel das Gotteshaus mit festlichem Klang.

Photo above: By now the church is protected as a historical monument for the typical architectural style of its time. After a restoration in the 90's the altars were erected in accordance with the original plans. The altar pieces were done by the artist Damaris Wurmdobler.

Photo left: The organ was added in 1970 and with its 2110 pipes and 32 stops it fills the church with its solemn sound.

Photo en haut: Par la suite, l'église, érigée dans un style typique de l'époque, fût classée monument historique. Elle fût complètement remise à neuf dans les années 90. A cette occasion les autels ont été remodelés selon les plans d'origine. L'artiste Damaris Wurmdobler en créa les tableaux.

Photo à gauche: L'orgue, contruit en 1970, emplit le lieu sacré de la résonance solennelle de ses 2110 tuyaux et 32 registres.

Foto oben: Als Ersatz für die winzige Kapelle in der heutigen Kapellenstraße wurde die Josefskirche Ende des 19. Jahrhunderts im neogotischen Stil erbaut.

Kleines Foto: Vermutlich war diese barocke Kreuzigungsgruppe ein Geschenk der Schönborns an die katholische Gemeinde in Hausen. Leider kennt man den Meister nicht, der diese schöne Gruppe um das Jahr 1700 schuf. Sie hat ihren Platz am Eingang der Josefskirche gefunden.

Photo above: The Joseph's church was built at the end of the 19th century as a replacement for a tiny chapel.

Small photo: The crucifixion scene at the entrance was probably a present from the Schönborn family to the community of Hausen. Unfortunately the master who created this scene around 1700 is unknown.

Photo en haut: A l'emplacement de la minuscule petite chapelle située aujourd'hui dans la «Kapellenstraße» (rue de la chapelle) fût érigée, à la fin du dix-neuvième siècle, l'église St. Joseph, dans un style néo-gothique.

Petite photo: Cette scéne de la crucifixion fût probablement un don de la famille des Schönborn à la communauté catholique de Hausen. On ne connaît malheureusement pas le nom du maître qui a créé cette œuvre vers 1700. Il trouva sa place à l'entrée de l'église St. Joseph.

Idyllisch eingebettet in einen kleinen Eichenwald zwischen den beiden Stadtteilen liegt die evangelische Waldkirche, die der regen Gemeinde seit 1953 zur Heimat geworden ist.

The evangelical church is idyllically situated in a little wood between the two halves of the town. Its active community has felt at home here since 1953.

L'église protestante, située dans une idyllique forêt de chênes entre les deux grands quartiers de la ville, est devenue depuis 1953 le centre d'une communauté active.

Durch die Ausweisung neuer Baugebiete im Westen Obertshausens wurde auch ein neues Gotteshaus erforderlich. Nach Plänen des Ingenieurs Kleefisch aus Bonn entstand 1976 der moderne Kirchenbau, der dem Hlg. Thomas Morus geweiht ist.

With the planning of new housing areas in the west of Obertshausen, a new church was commissioned as well. In 1976 this modern building was erected according to the plans of the engineer Kleefisch and consecrated to St. Thomas Morus.

Lorsque de nouveaux terrains de construction furent viabilisés à l'ouest d'Obertshausen, on projeta également la construction d'une nouvelle église. Elle fût bâtie en style moderne, selon les plans de l'ingénieur Kleefisch, originaire de Bonn, et consacrée à Saint Thomas Morus.

Foto links: Die St. Pius-Kirche im Stadtteil Hausen steht unter Denkmalschutz, nicht wegen ihres ehrwürdigen Alters, sondern als erhaltenswertes Beispiel moderner Baukunst. Nach Plänen des bekannten Kirchenbauers Prof. Rudolf Schwarz wurde St. Pius 1962 fertig gestellt. Der markante Turm trug nie eine Glocke!

Foto oben: Auch das Innere der Hallenkirche wirkt kühl und nüchtern, gibt jedoch den Blick frei für das Wesentliche.

Photo left: The St. Pius church in Hausen is now protected as a historical monument, not due to old age but as a piece of modern architecture that should be preserved. It was completed in 1962 according to the plans of the famous builder Prof. Rudolf Schwarz. Its striking bell tower never housed a bell!

Photo above: The inside of the church looks cold and plain but it leaves room for the essentials.

Photo à gauche: L'église St Pius à Hausen fût classée monument historique, non pas à cause de son âge respectable, mais comme exemple de l'art de construction moderne. St Pius fût réalisée en 1962 selon les plans du célèbre bâtisseur d'églises, Prof. Rudolf Schwarz. Le clocher, aux contours accusés, ne porta jamais de cloche!

Photo en haut: L'intérieur sobre et plutôt froid de l'église gothique permet de concentrer son regard sur l'essentiel.

Foto oben: Das kleine Kapellchen am Rembrücker Weg ist Zeugnis der tiefen Frömmigkeit früherer Zeiten. Eine Bürgerin Obertshausens stiftete diesen ältesten erhaltenen Sakralbau der Stadt zu Ehren der Muttergottes.

Kleines Foto: Noch heute wird die Kapelle gerne zum Gebet aufgesucht. Die Pieta im Inneren erhielt 1987 eine würdige Renovierung.

Photo above: The little chapel on the road to Rembrücken is evidence of the strong religiousness of earlier times.

Small photo: Even today this oldest sacral building in the town is used for prayer. The "pietà" inside was restored in 1987.

Photo en haut: La petite chapelle sur le chemin de Rembrücken (Rembrücker Weg) est un témoignage de la piété des fidèles autrefois. Une femme habitant Obertshausen fit ériger ce lieu sacré en l'honneur de la Mère de Dieu et qui est le plus ancien de la ville.

Petite photo: La chapelle est encore de nos jours un lieu de prière recherché. En 1987 la statue de la vierge Marie fût dignement renovée.

Obertshausen kann stolz sein, noch immer eine freiwillige Feuerwehr aus Bürgern der Stadt zu besitzen. In beiden Stadtteilen gibt es gut ausgestattete Feuerwehrhäuser.

Obertshausen can be proud of its voluntary fire brigade. Both parts of the town have well equipped fire stations.

Obertshausen peut être fière d'avoir encore un corps de sapeurs-pompiers volontaires, constitué de ses propres habitants. Il existe une maison des sapeurs-pompiers bien équipée dans chacun des deux secteurs de la ville.

27

Fotos dieser Seite: Einst stand auf dem so genannten Marktplatz die Ortswaage, heute ist der Marktplatz ein Schmuckstück der Stadt. Er wird wegen der erhobenen Hände im Volksmund „Häuser Moor" genannt.

Once the town's scales stood in the so called market place. Today this square is a particularly pretty part of the town. Because of the sculptures of three rising hands its nickname is "Häuser Moor" (moor of Hausen).

Jadis la bascule publique du village se trouvait sur cette place, dite place du marché. Aujourd'hui la place est un joyau de la ville. Dans le langage du peuple on la nomme «Häuser Moor», à cause de ses mains levées.

Der Künstler Louis Mollinaris aus St. Geneviève des Bois schuf 1992 den „Platz der Freundschaft" für die Stadt Obertshausen. Die Wappen der drei verschwisterten Gemeinden legte er in die „Hände der Freundschaft und Verständigung!"

The artist Louis Mollinaris created the "Place of Friendship" in 1992. He placed the coat of arms of the twinned towns into the "hands of friendship and understanding".

En 1992 l'artiste Louis Mollinaris de Sainte Geneviève des Bois créa la «Place de l'Amitié» pour la ville d'Obertshausen. Il déposa les armes des trois villes jumelées dans les «mains de l'amitié et de l'entente!»

29

Wappen der Partnerstadt St. Geneviève des Bois, Frankreich.

Coat of arms of St. Geneviève des Bois, France.

Les armes de la ville jumelée St. Geneviève des Bois.

Wappen der Partnergemeinde Laakirchen, Österreich.

Coat of arms of Laakirchen, Austria.

Les armes de la ville jumelée Laakirchen, en Autriche.

In der Mitte des Platzes befindet sich das Wappen der Stadt Obertshausen.

In the centre of the square is the coat of arms of Obertshausen.

Les armes de la ville d'Obertshausen, au milieu de la place.

Die „Altherrenriegen" der Stadtverordnetenversammlungen aller Partnerstädte laufen hier zu einem Freundschaftsspiel im Sportzentrum der Stadt ein. Daneben gibt es in Obertshausen noch drei weitere vereinseigene Sportanlagen.

Footballers from the town councils of all three twin towns are joined to form "veterans' football teams" for a friendly match at the municipal sports field. In addition the town has three club owned sports grounds.

Les «équipes des anciens» des conseils municipaux des villes jumelées font leur entrée sur le terrain du centre de sports de la ville pour une rencontre amicale. Il existe à Obertshausen trois autres terrains de sport appartenant à des associations.

Handball der Jugendabteilung in einer der zahlreichen Sporthallen Obertshausens.

Members of the handball youth division play in one of Obertshausen's many sports halls.

Equipe junior de handball dans un des nombreux gymnases d'Obertshausen.

Foto oben: Das Geburtshaus des Gründers der größten Werksanlage in Obertshausen, Karl Mayer, ist heute das Heimatmuseum der Stadt.

Kleines Foto oben: Neben verschiedenen Ausstellungen beherbergt das Museum einen typischen Arbeitsraum der Lederwarenhersteller aus der Zeit vor dem Zweiten Weltkrieg. Der Raum wird liebevoll bei seinem hessischen Namen genannt: „Babbscher-Stubb".

Photo above: The house where the founder of Obertshausen's biggest factory, Karl Mayer, was born, is now the museum of local history.

Small photo above: Among other things it houses a workroom of the leather trade as was typical before World War II. The room is affectionately called "Babbscher Stubb" ("Babben" being a Hessian dialect word for glueing; "stubb" means room).

Photo en haut: La maison natale du fondateur de la plus grande usine d'Obertshausen, Karl Mayer. C'est aujourd'hui un musée de l'art régional de la ville.

Petite photo en haut: Le musée héberge diverses expositions et montre un atelier typique des fabricants de la maroquinerie à l'époque précédant la Seconde Guerre Mondiale. Cette salle porte le nom affectueux de «Babbscher-Stubb», qui signifie dans le dialecte de la Hesse: la salle de l'artisan du cuir («Babben» signifie coller!).

Foto oben: Alte Mühle heute.

Foto links: Dieser schöne Hausaltar stand einst in der Alten Mühle in der Rodau-Niederung in Hausen. Er befindet sich heute als Leihgabe im Heimatmuseum.

Photo above: "Alte Mühle" (old mill) today.

Photo left: The house altar used to stand in the "Alte Mühle" in Hausen. Today it can be seen in the local museum.

Photo en haut: Le vieux moulin de nos jours.

Photo à gauche: Ce bel autel domestique se trouvait autrefois dans un vieux moulin dans la dépression du Rodau à Hausen. Actuellement il est exposé au musée de l'art régional.

In den Jahren 1928–1932 gab es in Obertshausen bereits ein „Quellenbad". Es wurde von einem Privatmann erstellt und betrieben. Wegen baulicher Mängel wurde der Betrieb nach vier Jahren wieder eingestellt.

In 1928–1932 Obertshausen had a "spring-fed pool". It was owned and run privately and is said to have been forced to close down due to shortcomings in the construction.

Dans les années 1928–1932 il existait déjà une «source d'eau naturelle» à Obertshausen. Elle fût mise en service par un particulier; au bout de quatre ans elle fût fermée à la suite de dégâts de construction.

Obertshausens „Waldschwimmbad" war bei seiner Eröffnung 1966 einmalig im gesamten Umkreis. Nach fast 35 Jahren soll das Hallenbad einem neuen Erlebnisbad weichen. Das Freibad wird an heißen Sommertagen weiterhin die Freude für Groß und Klein sein.

When Obertshausen's pool was opened in 1966 it was unique locally. After almost 35 years it now has to make way for a new adventure pool. The outdoor pool will continue to be a source of joy for young and old on hot summer days.

Lors de son ouverture en 1966 la piscine d'Obertshausen, portant le nom de «Waldschwimmbad», était unique dans son genre tout à la ronde. Au bout de 35 ans de service, la piscine couverte va faire place à un centre de loisirs aquatiques pour petits et grands, qui continuera à faire la joie des baigneurs pendant les chaudes journées d'été.

Abseits der Großstädte im Rhein-Main-Gebiet erstreckt sich ein weites, flaches Land, das für Radfahrer ein Eldorado ist. Das nebenstehende Logo war Ergebnis eines Wettbewerbes. Es trifft den Nagel auf den Kopf, wie auf dem Rad-Parkplatz vor dem Schwimmbad zu sehen.

Away from the big cities in the Frankfurt area streches an open, flat countryside which is excellent for cyclists. The sign reads: "Obertshausen goes by bike" and is obviously well chosen.

A l'écart des grandes villes s'étend un vaste pays plat, un vrai paradis pour les cyclistes. Le choix du symbole a été le résultat d'un concours. Il a été touché juste si l'on en juge d'après la situation sur le parking à vélos devant la piscine.

Auch alle anderen Sportarten auf Rädern finden in Obertshausen ihre Freunde.

Many other sports on wheels find their friends in Obertshausen.

Tous les sports «sur roues» trouvent leurs adeptes à Oberthausen.

Foto oben: Vor allem für die Straßenbeleuchtung und Privathaushalte wurde 1907 in Obertshausen ein Gruppengaswerk errichtet, das aus Koks Gas produzierte.

Foto links: Heute besteht der Gasversorgungsverband aus einem Verwaltungshaus und einem Bauhof, bezieht Erdgas und verteilt es an Obertshausen und vier weitere Gemeinden.

Photo above: The old coke gas works were built in 1907. They supply mainly streetlights and privat households with gas.

Photo left: Today the gas company consists of an administration building and the works itself. It receives natural gas and distributes it to Obertshausen and four other communities.

Photo en haut: En 1907 un usine à gaz fut fondée pour fournir l'éclairage de la voie publique et des particuliers; le gaz était alors produit à partir du coke.

Photo à gauche: Aujourd'hui la centrale de distribution du gaz comprend un bâtiment d'administration et un chantier; elle reçoit du gaz naturel et le distribue à Obertshausen et à quatre autres communes.

Im alten Ortskern sind noch einige alte Häuser erhalten.

A few old buildings have survived in the old part of town.

Quelques anciennes maisons existent encore au cœur de la vieille ville.

Der Name des schmucken Gasthauses „Zum Nachtwächter" verrät es schon, hier soll früher der Nachtwächter Obertshausens gewohnt haben.

"Zum Nachtwächter" (the night watchman) is a smart pub and so called because this is where Obertshausen's night watchman is said to have lived in earlier times.

Le nom de la magnifique auberge «Zum Nachtwächter» révèle le rôle du «veilleur de nuit» que jouait jadis la personne qui habitait cette maison.

Kirchstraße und Wilhelmstraße gehören zu den ältesten Straßen des Stadtteiles Obertshausen, sie hießen früher Untergasse und Obergasse.

"Kirchstraße" and "Wilhelmstraße" are among Obertshausen's oldest streets and were formerly known as Lower and Upper Lane.

Les rues «Kirchstraße» et «Wilhelmstraße» comptent parmi les plus anciennes du vieux quartier d'Obertshausen et portaient autrefois le nom de «Untergasse» et «Obergasse» (La rue basse et la rue haute).

Foto oben: Dort, wo einst die erste Kapelle Hausens stand, ist heute die Kapellenstraße. Der Kapellenhof ist ein modernes Wohn- und Geschäftsensemble, das sich gut in den alten Ortskern Hausens einfügt.

Foto rechts: Innenhof des Kapellenhofes.

Photo above: The place where the first chapel in Hausen stood is now known as "Kapellenstraße" (Chapel Road). The "Kapellenhof" (Chapel Place) is a modern complex of homes and businesses which blends in well with its surroundings.

Photo right: The inner courtyard of the "Kapellenhof".

Photo en haut: La rue «Kapellenstraße» se trouve juste à l'endroit où était située jadis la première chapelle de Hausen. Le «Kapellenhof» est aujourd'hui un centre moderne d'habitation et de commerce, bien intégré dans le cœur de la vieille ville de Hausen.

Photo à droite: La cour intérieure du «Kapellenhof» domaine de la chapelle.

Während das kleine Fachwerkhaus in der Kapellenstraße bereits Generationen ein Zuhause bietet, hat das mächtige Werk, die Firma Ymos, im Hintergrund längst seine Tore geschlossen.

Whilst the small half-timbered house in "Kapellenstraße" has housed many generations, the imposing Ymos factory in the background has long since closed its doors.

Tandis que la vieille maison à colombage dans la «Kapellenstraße» hébergea jusqu'à nos jours des générations consécutives, l'usine imposante de la société Ymos, à l'arrière-plan, a fermé ses portes depuis longtemps.

Aus einer kleinen Heimwerkstatt entwickelte der Obertshausener Ehrenbürger Karl Mayer im Laufe seines Lebens das größte Unternehmen am Ort mit weltweiten Geschäftsbeziehungen auf dem Sektor der Wirkmaschinen.

From its foundations as a small home business, Karl Mayer, a freeman of Obertshausen has built up an internationally known knitting machine business during his lifetime. It is now the town's biggest factory.

Karl Mayer, qui, à ses débuts, possédait un petit atelier particulier, le transforma en une usine qui devint, au cours de sa vie, la plus grande entreprise d'Obertshausen, nouant des relations d'affaires dans le monde entier, dans la branche des machines à tisser.

Einkaufsstraße in Obertshausen.

Shopping lane in Obertshausen.

La rue commercante à Obertshausen.

Wilhelmstraße, Ecke Kirchstraße einst und jetzt.

The corner of „Wilhelmstraße" and „Kirchstraße" then and now.

L'angle de la rue «Wilhelmstraße» et «Kirchstraße» jadis et aujourd'hui.

Jeder der neun Kindergärten in Obertshausen ist mit viel Liebe zum Detail ausgestattet und bietet allen Kindern Raum zum Spielen und Lernen.

Each of Obertshausen's nine playschools have been furnished with great attention to detail and offer the children room to play and learn.

Les neuf jardins d'enfants à Obertshausen sont tous conçus, jusque dans le détail, avec beaucoup d'amour, appropriés au besoins des enfants, invitant aux jeux et aux activités pédagogiques.

Kasperle nimmt die Kleinsten voll in seinen Bann!

Punch (disguised as Santa Claus) has the young audience under his spell!

Guignol exerce sa grande fascination sur les plus petits!

In Obertshausen wird gerne und oft gefeiert, wen wundert es da, wenn auch jeder Kindergarten sein eigenes Sommerfest veranstaltet?

The people of Obertshausen love to throw parties, is it any wonder then that each of the playschools has its own summer party?

Les fêtes tiennent une grande place à Obertshausen. Il n'est donc pas étonnant que chaque jardin d'enfants organise traditionnellement sa propre fête annuelle en été.

Jeder Stadtteil hat eine eigene städtische Bücherei.

Each of the town's districts has its own local library.

Chaque secteur de la ville possède sa propre bibliothèque.

Schon die Jüngsten werden in der städtischen Bücherei mit dem Wert des Buches vertraut gemacht.

Even at a very young age, the town's library helps children to become aquainted with books.

Dès le plus jeune âge on initie les enfants à la lecture à la bibliothèque municipale.

Foto oben: Modernes Wohn- und Geschäftshaus im Stadtteil Obertshausen.

Foto rechts: Die Skulptur „Genossenschaft" vor der Volksbank Maingau wurde von dem Obertshausener Künstler Christoph Schindler geschaffen.

Photo above: A modern home and business complex in Obertshausen.

Photo right: The sculpture "Genossenschaft" (co-operative) in front of the Maingau bank was created by the local artist Christoph Schindler.

Photo en haut: Maison d'habitation et de commerce moderne dans le secteur Obertshausen.

Photo à droite: La sculpture «Genossenschaft» (Association) de la banque populaire Maingau fût créée par l'artiste sculpteur Christoph Schindler.

Das alte „Schwesternhaus" an der Josefskirche wurde mit einem modernen Anbau versehen, der allen Gruppierungen Raum für Veranstaltungen bietet.

The old "nunnery" at Josefskirche has had an extension added which offers room for all kinds of local organizations to hold events.

L'ancienne «maison des sœurs» près de l'église St. Joseph a été agrandie. Ce bâtiment moderne et spacieux permet d'organiser des représentations à tous les groupes locaux.

Alte Eichen und Buchen stehen im Waldpark St. Geneviève des Bois. In dem Freizeitpark finden sich Spielgeräte, ein Sprühfeld zur Abkühlung an heißen Tagen, eine Grillhütte und ein Festplatz für Vereinsfeiern.

Old oaks and beeches stand in the St. Geneviève des Bois park. Here there is a swing park, some sprinklers to keep cool on hot summer days, a barbecue area and a paved area for club functions.

Dans le parc forestier, portant le nom de St. Geneviève des Bois, il y a des chênes et des hêtres très vieux. Dans le parc de loisirs, la ville a installé des jeux, des fontaines à jets atomisants pour vous rafraichir les jours de grande chaleur, une hutte pour faire du gril et un terrain aménagé pour les fêtes organisées par les diverses associations.

Auf der Minigolf-Anlage am Bürgerhaus wurde bei überregionalen Wettspielen schon so mancher Pokal gewonnen.

Many cups have been won at national championships on the miniature-golf course next to the community centre.

Au minigolf, près de la «Bürgerhaus», maintes coupes interrégionales ont été gagnées.

Schulfest in der Joseph-von-Eichendorff-Schule, einer von sechs Schulanlagen im Stadtgebiet.

School function at the "Joseph-von-Eichendorff-Schule", one of six schools in the town.

Fête scolaire à l'école «Joseph-von-Eichendorff-Schule», un des six établissements scolaires de la ville.

Eltern der Friedrich-Fröbel-Schule haben den Schulhof zu einem fröhlichen Pausenvergnügen gestaltet.

Parents of pupils of the "Friedrich-Fröbel-Schule" have turned the schoolyard into a fun playground.

A l'école «Friedrich-Fröbel-Schule», les parents d'élèves ont transformé eux-mêmes la cour de récréation en un lieu d'agrément attrayant.

Die größte Musikschule des Kreises bezogen auf die Schülerzahl befindet sich in Obertshausen. Die Stadtväter sind mit Recht stolz auf diese Einrichtung. Hier der Kinderchor bei der Aufführung des Singspieles „Ritter Rost".

The biggest music school in the district (according to the number of members) is situated in Obertshausen. The town elders have every right to be proud of this institution. The picture shows the children's choir at a performance of a lyrical drama called "Ritter Rost" (the rusty knight).

Le plus important conservatoire musical du district, si l'on compte le nombre de ses élèves, se trouve à Obertshausen. Les édiles de la commune sont à juste titre fiers de cette institution. Vous voyez ici la chorale d'enfants pendant la représentation de «Ritter Rost».

Das Naherholungsgebiet „Anglerweiher" erfreut seine Besucher zu jeder Jahreszeit, besonders aber an frostigen Tagen.

The recreational area "Anglerweiher" (angler's pond) is a delight at any season but especially on frosty days!

La zone de repos «Anglerweiher», un étang de pêche, offre la détente à ses visiteurs en toute saison, mais en particulier pendant la période de gel!

Sozialer Wohnungsbau als schmucke Heimstätte für Familien mit Kindern.

The social housing programme offers smart homes for families with children.

Bel immeuble de logements sociaux abritant des familles nombreuses.

An dieser Stelle soll einst eine Turm-Burg gestanden haben. Die gefundenen Grundrisse wurden anschaulich wieder errichtet.

At this site a castle is said to have stood. The foundations that were discovered here have been renovated to give a clearer idea of what it looked like.

Un château fort avec une tour a dû exister jadis à cet endroit. On en a retrouvé les fondations que l'on a reconstituées.

Platane in der Kirchstraße.

Plane tree in "Kirchstraße".

Platane dans la rue «Kirchstraße».

Eltern mit Kleinkindern finden auf insgesamt 29 Spielplätzen in der gesamten Stadt Ruhe und Entspannung.

Parents with small children can find peace and relaxation in Obertshausen's 29 playgrounds.

Parents et enfants peuvent trouver repos et détente dans les 29 aires de jeux de la ville.

Alljährlich findet in Obertshausen vor dem Bürgerhaus das Europa-Fest des Kreises Offenbach statt. Gruppen aus den verschiedensten Ländern stellen ihr Brauchtum vor und bieten ihre kulinarischen Spezialitäten an.

Every year the district of Offenbach's "Europe-Festival" is celebrated in front of the town's community centre. Groups from many different countries present local customs and specialities.

La fête européenne du district Offenbach a lieu tous les ans devant la mairie. Des groupes venant des pays les plus divers présentent leur coutumes et offrent leurs spécialités gastronomiques.

Wer keinen eigenen Garten am Haus hat, findet in den verschiedenen Kleingarten-Anlagen beider Stadtteile ein Plätzchen in der Natur.

People without their own garden find a rural retreat in one of the many allotment areas in both parts of town.

Qui ne possède pas de jardin dans sa propriété peut avoir un petit coin de nature dans les ensembles de petits jardins municipaux des deux secteurs de la ville.

Altstadtsingen des Gesangvereins und Altstadtmusizieren des Karl-Mayer-Werksorchesters finden alljährlich dankbare Zuhörer.

Local choir concerts and the Karl-Mayer-factory-band attract many listeners to the old town each year.

Les concerts traditionnels de la chorale et les représentations musicales de l'orchestre de la société Karl Mayer enchantent chaque année leurs auditeurs.

Den Reigen der alljährlichen Feste in der Stadt eröffnet jeweils die Wilhelmstraße mit ihrem so genannten „Fressgassenfest", das am Pfingstsamstag stattfindet und bei Jung und Alt sehr beliebt ist.

The "Fressgassenfest" (foodlovers-lane-festival) in "Wilhelmstraße" leads off the yearly festivities. It takes place on Whitsun Saturday and is popular with the young and old.

Le cycle annuel des fêtes de la ville commence traditionnellement par «Fressgassenfest» dans la rue «Wilhelmstraße». Elle a lieu le samedi de la Pentecôte et les jeunes comme les moins jeunes l'apprécient beaucoup.

67

Natürlich darf im Dezember auch der Weihnachtsmarkt nicht fehlen, der abwechselnd in den beiden Stadtteilen stattfindet und für alle Einwohner und viele Besucher Einstimmung auf das Weihnachtsfest ist.

The Christmas market is an essential part of December. It takes place alternately in Hausen or Obertshausen and gets inhabitants and visitors into the right mood for Christmas.

En Décembre personne ne manque d'aller à la foire de Noël, qui a lieu à tour de rôle dans l'un ou l'autre secteur de la ville; l'atmosphère de cette fête met les habitants et les visiteurs en ambiance pour la fête de Noël.

Es ist überliefert, die kleinen Einwohner des Ortes Hausen verbrachten hier in der Rodau die heißesten Sommertage des Jahres und an kleinen Staustellen soll der eine oder andere auch Schwimmen gelernt haben. Heute tummeln sich nur noch Wildenten in dem Gewässer.

Word has it that the younger population of Hausen spent the hottest summer days in the river Rodau and some are even said to have learnt to swim in the little dams. Today only wild ducks romp about in these waters.

On raconte que les jeunes habitants de Hausen passaient autrefois les journées les plus chaudes de l'été au bord du Rodau et que plusieurs d'entre eux auraient appris à nager dans les petits barrages. De nos jours on n'y rencontre plus que quelques canards sauvages qui s'ébattent dans l'eau.

Herbstwald an der Grillhütte.

Autumnal forest at the grill hut.

La forêt automnale près de la hutte au gril.

Alte Tradition und moderne Wohnanlage gehören zum Erscheinungsbild Obertshausens.

Old traditions and modern buildings are both part of Obertshausen's outer appearance.

Tradition ancienne et grands immeubles modernes font partie de l'image d'ensemble d'Obertshausen.

Herbstliche Impressionen am „Sonnenweg".　　Autumnal impressions at the "Sonnenweg".　　Impression automnale sur le chemin «Sonnenweg».